A NOVA MATRIZ
DE INVESTIMENTO

DIRETRIZES DE INVESTIMENTO ATUALIZADAS E DEFINITIVAS

WAYNE WALKER

© Direitos Autorais 2021 por Wayne Walker. Todos os direitos reservados.

Este livro foi escrito com o objetivo de fornecer informações tão precisas e confiáveis quanto possível. Os profissionais devem ser consultados conforme necessário antes de empreender qualquer uma das ações aqui endossadas.

Esta declaração é considerada justa e válida tanto pela Ordem dos Advogados Americana quanto pela Associação do Comitê de Editores e é legalmente obrigatória em todos os Estados Unidos.

Além disso, a transmissão, duplicação ou reprodução de qualquer um dos seguintes trabalhos, incluindo informações precisas, será considerada um ato ilegal, independentemente de ser feito eletronicamente ou em papel. A legalidade se estende à criação de uma cópia secundária ou terciária da obra ou uma cópia registrada e só é permitida com o consentimento expresso por escrito da Editora. Todos os direitos adicionais são reservados.

As informações nas páginas seguintes são amplamente consideradas como um relato verdadeiro e preciso dos fatos e, como tal, qualquer desatenção, uso ou mau uso das informações em questão pelo leitor tornará qualquer ação resultante unicamente sob sua responsabilidade. Não há cenários em que o editor ou o autor original desta obra possa ser de alguma forma considerado responsável por qualquer dificuldade ou dano que possa lhes ocorrer após empreender as informações aqui descritas.

ÍNDICE

INTRODUÇÃO 5

CLASSE DE ATIVOS MAIS IMPORTANTE VOCÊ 7

VISÃO GERAL DE INVESTIMENTOS 13

INVESTIMENTO EM VALOR PATRIMONIAL 17

BONDS 23

INVESTIMENTO EM CRIPTOMOEDAS 27

IMÓVEIS 35

ALOCAÇÃO DE ATIVOS NO MERCADO DE CAPITAIS 39

O FUNDO CERTO PARA VOCÊ (Mútuos, Índices e ETFs) 45

INVESTIMENTOS ALTERNATIVOS 49

EMPREENDEDORISMO 53

PRÓXIMOS PASSOS 59

SOBRE O AUTOR 61

Aviso Legal

Os conselhos e estratégias contidos neste livro são baseados em minhas experiências e opiniões pessoais de investimento, e podem não ser apropriados para sua situação.

INTRODUÇÃO

Neste livro, exploraremos o investimento da maneira mais abrangente possível. O objetivo é criar sistematicamente um plano de investimento que vá além das estratégias de investimento tradicionais. Os "clássicos" não são jogados fora, mas serão olhados de diferentes ângulos. Esta matriz de investimento atualizada, sinto-me seguro em afirmar que proporcionará aos leitores uma nova maneira de ver o investimento. Como escrevo com frequência em meus livros, a liberdade é o objetivo, e há muitas, muitas maneiras de chegar lá, que incluem o uso de novas classes de ativos. Nas próximas páginas, você (o leitor) também será considerado como uma classe de ativos. Todos conhecem ações, bonds, e assim por diante, e nós os examinaremos, mas também precisamos olhar para a classe de ativos mais importante... você.

CLASSE DE ATIVOS MAIS IMPORTANTE VOCÊ

Você

Sim, você! Começamos com a classe de ativos mais importante. Não precisa se preocupar, obviamente chegaremos às "coisas reais" dos ativos do mercado de capitais, mas na matriz de investimentos para 2021 e mais além, ignorar a si mesmo como uma classe de ativos em minha opinião é um erro. Se a pessoa como ativo não está se desenvolvendo ou protegida, então os outros ativos tradicionais estão em risco. Para aqueles que leram meus outros livros, vocês sabem que eu gosto de chegar ao ponto sem que isso leve centenas de páginas, e eu não os decepcionarei.

Sono

Você precisa. Esqueça a falsa conversa de macho sem sentido sobre trabalhar mês após mês com três ou quatro horas de sono durante um ciclo de vinte e quatro horas. Note que mencionei o ciclo e não cada noite; isto é, porque reconheço que somos todos diferentes e funcionamos em sistemas diferentes. Sou uma quase uma coruja, e em meu mundo, trabalhar até duas ou três da manhã é a norma para meus colegas e para mim. Entretanto, para outros, esse não é o caso, um amigo bem próximo meu levanta diariamente às 7 da manhã ou antes; felizmente, não compartilhamos a mesma casa. O que todos nós podemos concordar é que durante um ciclo de vinte e quatro horas é importante dormir o suficiente, idealmente de sete a nove horas. Como não somos robôs, você pode, por exemplo, tirar sete horas de uma só vez e mais tarde uma hora de soneca, se seu trabalho ou negócio o permitir. Garantir que você durma o suficiente é uma ótima maneira de proteger o ativo número um, você. Estar mais alerta permite que você analise melhor as outras classes de ativos e provavelmente o torna uma pessoa mais amigável para se estar com você.

Jejum Intermitente

O jejum intermitente é uma das melhores coisas que fiz para minha vida pessoal. Jejum intermitente é onde há janelas de tempo que você come e de tempo que você não come. Por exemplo, você não come entre 21h e 13h (no dia seguinte) e come durante as outras horas. Esta versão é chamada de 16/8 nesta área, mas existem outros métodos. Tenha em mente que esta não é uma dieta, portanto, você não está fazendo ela ou não. Este é um estilo de vida, além de um padrão de alimentação. Como não é uma dieta, você pode comer o que quiser no meio, idealmente saudável, mas isso depende de você. Com o passar do tempo, o que a maioria das pessoas experimenta após o início é uma queda perceptível na gordura corporal e um aumento de energia. Esses foram os resultados para mim. Além disso, minha vida se tornou mais fácil porque eu só lido com a preparação de duas refeições por dia em vez das tradicionais três ou quatro. Não sou um nutricionista ou médico, portanto, este não é um conselho médico. Os estudos e resultados de pessoas de todo o mundo que praticam o jejum intermitente são fáceis de verificar com uma simples busca na Internet.

Idiomas estrangeiros

Aprender um idioma estrangeiro é um dos melhores presentes que você pode dar a si mesmo. Sempre amo um bom debate, mas este é um tema que podemos pular o debate porque os benefícios são avassaladores. Os idiomas podem aumentar seu valor pessoal, profissional ou comercial. Esta dica é mais para pessoas em países que são conhecidos por serem resistentes ao aprendizado de outros idiomas. Na Europa, onde vivo a maior parte do ano, e especialmente na Escandinávia, é comum falar duas ou três línguas fluentemente. Eu falo três línguas (inglês, espanhol, dinamarquês), mais um dialeto.

Pessoalmente, posso destacar claramente várias oportunidades de negócios, pessoais e românticas que se apresentaram por causa de minhas habilidades em línguas estrangeiras. Esta é realmente uma habilidade que aumenta o valor da classe de ativos *você* e é divertido.

Aprendizado contínuo

Encerramos a aula de ativos com um dos meus passatempos favoritos, que é o aprendizado contínuo. Acredito que a maioria dos adultos está ciente de que o aprendizado nunca para de fato. O que aprendemos nas escolas, universidades, etc., é apenas a base ou plataforma que usamos para o desenvolvimento posterior. Lembro-me que em minhas próprias formaturas sempre fui lembrado por meus pais que o presente não era o fim, mas o começo. Eles estavam certos como sempre.

Este aprendizado contínuo poderia ser na forma de uma nova certificação como uma licença imobiliária ou apenas um desejo pessoal, como por exemplo, ter aulas de voo. Para mim mesmo, recebo treinamento em áreas que quero desenvolver ainda mais. Obviamente, o que você aprende depende de você, mas o objetivo é estar vivo enquanto você está vivo. Eu vi meu pai que ao falecer, em seus oitenta anos, estava sempre tendo uma aula de algum tipo. Não tenho provas científicas para isso, mas notei que, em comparação com alguns de seus colegas, os problemas mentais que muitas vezes acompanham os idosos, como a perda de memória, certamente pouco ou nenhum efeito tinham sobre ele.

VISÃO GERAL DE INVESTIMENTOS

Esclareça os objetivos

Agora que já cobrimos a classe de ativos "você", é hora de avançar em direção ao mundo das classes de ativos que são negociáveis. Enquanto você como uma classe de ativos é a mais valiosa, a maioria das pessoas, a menos que seja um atleta profissional, não está muito interessada em ser negociada.

Cobriremos uma série de tópicos, mas antes de começarmos nossa jornada, devemos ter um objetivo claro. Este é o seu momento para determinar qual é o objetivo para você. Todos nós queremos ganhar dinheiro, mas qual é seu foco ou objetivo? É a preservação do capital, renda ou valorização do capital? Dependendo de sua seleção, diferentes classes de ativos e estratégias receberão maior ênfase. Também não deve ser uma surpresa que seus objetivos dependam de sua posição na vida e circunstâncias pessoais. Uma recém-formada de vinte e cinco anos e uma viúva de sessenta e dois anos provavelmente teriam necessidades drasticamente diferentes.

Verifique sua tolerância ao risco

Quer você esteja negociando ou investindo, sua tolerância ao risco deve ser estabelecida antes de puxar o gatilho de um investimento. Será que uma queda no valor de seus investimentos faria você perder o sono? Antes de decidir quais investimentos são adequados para você, você precisa saber qual é o risco que está disposto a assumir. Esse nível de risco, como mencionado anteriormente, depende muito de onde você está na vida: novo graduado, profissional de meia-carreira, viúva, e assim por diante.

Você prefere escalada a ler um belo romance em seu quintal? Os investidores frequentemente descobrem que seu estilo de vida e sua tolerância ao risco de investimento não combinam. Você pode ter a viúva que adora paraquedismo, mas seu objetivo, em termos de investimento, é a preservação do capital.

Selecionando investimentos
Antes de escolher os investimentos que farão parte de sua carteira de investimentos, você se deixará guiar pelos conceitos de alocação e diversificação de ativos. Na alocação de ativos, você equilibra risco/recompensa, diversificando entre as diferentes classes de ativos. Ao diversificar, você evita expor sua carteira a riscos desnecessários. Retornaremos a estes tópicos e exploraremos mais a fundo à medida que progredirmos.

Emoções
Controlar as emoções é uma das tarefas mais desafiadoras para muitos investidores, tão desafiadora que muitos livros foram escritos apenas sobre este tópico. Mesmo os profissionais às vezes lutam contra isso; não é inaudito que alguns bancos e casas de investimento tenham funcionários de saúde mental apenas para seus comerciantes e administradores de fundos.

Na medida do possível, você deve evitar permitir que o medo ou a ganância inflacionem suas perdas ou limitem seus lucros. Qualquer investidor deve esperar e estar confortável com uma certa quantidade de flutuações de curto prazo em suas carteiras sem entrar em modo de pânico.

A ganância pode levar um investidor a deter um ativo por muito tempo na esperança de um aumento de valor mesmo que o preço continue a cair durante um longo período de tempo. O medo, por outro lado, pode fazer um investidor vender um investimento prematuramente ou impedi-lo de vender um investimento claramente perdedor. Obviamente, se sua carteira lhe dá noites sem dormir, então é melhor ter uma conversa com seu consultor de investimentos.

Revisar e ajustar

O passo final em sua jornada de investimento é rever sua carteira. Uma vez estabelecida uma estratégia de alocação, você poderá descobrir que suas ponderações de ativos mudaram ao longo de um trimestre ou ano.

Selecionando um consultor de investimentos

O consultor certo para você depende muito da quantidade de tempo que você está disposto a gastar em seus investimentos. Algumas pessoas veem o investimento como um hobby e querem estar profundamente envolvidas, para outras é uma tarefa a ser evitada. Sua escolha de conselheiro depende de como você se avalia. Muitas instituições oferecem diferentes níveis de atenção; muitas vezes depende do valor de sua carteira. Algumas pessoas selecionam alguém independente da instituição com a qual têm seus investimentos, mas isso é uma decisão pessoal.

INVESTIMENTO EM VALOR PATRIMONIAL

Ações

As ações, também chamadas de títulos, são normalmente a maneira mais comum de entrar no mundo do investimento para muitas pessoas. Mesmo que elas não comprem ações individuais por conta própria, muitas vezes têm exposição através de seus fundos de pensão.

Há riscos envolvidos com qualquer ação, mas você tem o benefício de uma potencial valorização de capital e renda na forma de dividendos, dependendo da ação. Como são empresas públicas, você pode facilmente encontrar informações sobre elas a fim de fazer uma análise.

Investimento de Valor

O importante princípio do investimento de valor é encontrar empresas que negociam abaixo de seu valor real ou inerente. Dois professores da Universidade de Columbia apresentaram a estratégia pela primeira vez na década de 1930 e desde então muitos outros têm aplicado sua interpretação da estratégia.

Os investidores buscam ações com fundamentos sólidos: fluxo de caixa, ganhos, dividendos, etc. As empresas devem ser avaliadas *incorretamente* pelo mercado e ter bom potencial de aumento de valor. Em termos simples, estas ações estão sendo negociadas a preço de barganha, e aumentarão de valor quando o mercado corrigir este erro de avaliação.

Não lixo, mas valor real

Alguns novos profissionais de investimento de valor interpretam a estratégia como simplesmente comprando ações que estão caindo de preço, uma vez que, em teoria, estão agora baratas. Um exemplo disto poderia ser que as ações AB têm sido negociadas a $100 por ação e de repente caem para $78. Esta queda não qualifica automaticamente as ações AB como candidatas a investimento de valor. A única coisa que sabemos neste momento é que a empresa está negociando a um preço mais baixo. Na verdade, a queda no preço das ações AB poderia ser um reflexo de problemas reais na empresa.

Os investidores de valor real fazem uma análise profunda para descobrir empresas que estão baratas, dados os *fundamentos* da empresa. Portanto, se uma ação cai de $100 para $78, para aparecer no radar de investimento de valor, a empresa deve ter os fundamentos ou valor intrínseco de mais de $78. O que estamos prestando atenção é o preço real da ação em relação ao valor intrínseco. Isto não deve ser confundido com a comparação do preço atual com o preço histórico das ações.

A Fórmula:

Valor Intrínseco = Lucro Atual x (8,5 + 2 x Taxa de Crescimento Anual Esperada)

O número de crescimento que deve ser esperado nos próximos sete a dez anos.

Aplicação prática do investimento de valor

O exemplo brilhante dos conceitos de investimento de valor aplicados pode ser visto com Warren Buffet e o que ele tem feito com Berkshire Hathaway. Sua aplicação da estratégia produziu um retorno de milhares de por cento. Berkshire normalmente bate o desempenho do S&P 500 por uma margem perceptível.

Uma abordagem diferente

Os investidores de valor veem uma ação como uma forma pela qual uma pessoa se torna parte ou proprietária plena de uma empresa. Eles compram ou investem em uma empresa e não apenas em uma ação. Eles esperam obter seus lucros com a propriedade de uma empresa de qualidade que produz lucros a longo prazo. Isto está em contraste significativo com o investidor médio que muitas vezes está mais concentrado em movimentos de preços de curto prazo.

O foco do investidor de valor é o valor das ações subjacentes, e não as flutuações diárias de curto prazo do mercado. Os movimentos de curto prazo de acordo com a estratégia de investimento de valor são de menor importância no longo prazo.

Onde você pode encontrar ações de valor?

As ações de valor podem ser encontradas em praticamente todos os mercados disponíveis, por exemplo, NYSE, DAX, e muitos outros ao redor do mundo. Você também pode encontrá-las em uma variedade de indústrias, incluindo tecnologia e finanças, só para citar algumas.

Muitos investidores em sua busca por candidatos a investimentos de valor começam em indústrias que experimentaram recentemente reações negativas no mercado. Isto pode ser em resposta a notícias ou apenas mudanças de curto prazo nos paladares. Por exemplo, a indústria de energia, que tem uma natureza cíclica, oferece oportunidades durante períodos de subvalorização. Uma empresa caindo para novos mínimos pode ser um sinal para adicioná-la à sua carteira, mas lembre-se que o baixo preço ou a barateza deve ser relativo ao valor intrínseco.

Nem todos concordam
Não há acordo universal sobre os méritos do investimento de valor. Há desacordo com os crentes da teoria do mercado eficiente. Eles sustentam que o preço de uma ação reflete todas as informações relevantes. Não deve ser surpresa que os investidores de valor discordem nesta avaliação do mercado. Eles acreditam, como você sabe agora, que há ineficiências no mercado que estão apenas esperando para serem descobertas. O investimento em valor não é a forma mais chamativa de avaliar as ações, mas poucos podem argumentar sobre seus resultados quando aplicado corretamente.

BONDS

Começando

Muitas pessoas já ouviram a palavra *bond*, mas nem todas sabem o que significa, portanto, teremos um breve resumo. Uma bond nada mais é do que um empréstimo. Assim como você e eu precisamos de dinheiro, assim também precisam os governos e as empresas. O desafio enfrentado tanto pelos governos quanto pelas empresas é que a quantidade de fundos que eles precisam é mais do que aquilo que a maioria dos bancos está disposta a emprestar. É por isso que os governos e outros recorrem à emissão de bonds para investidores potenciais.

A organização que vende a bond é referida como o emissor e o investidor é quem empresta o dinheiro. O investidor obviamente espera algo em troca de emprestar seu dinheiro e é compensado pelo emissor na forma de pagamento de juros. A taxa de juros é às vezes chamada de cupom.

As bonds são classificadas como títulos de renda fixa no sentido de que você sabe exatamente quanto você receberá de volta se as possuir até a data de vencimento (a data em que o emissor tem que devolver o montante emprestado).

Bonds e ações: as diferenças práticas

Uma ação permite que você seja parte proprietária de uma empresa; em contraste, ao investir em bonds, faz de você um *credor*, já que os títulos são dívidas. Ser um credor tem várias vantagens importantes. Uma delas é que, em caso de falência, os detentores da bond são pagos antes dos acionistas. Os Detentores da bond, a propósito, não têm o prazer de participar dos lucros.

Por que bonds?
Os investidores muitas vezes procuram bonds porque geralmente são menos arriscados que as ações, mas normalmente oferecem retornos mais baixos quando comparados a longo prazo. A palavra-chave aqui é *normalmente*, porque as bonds também podem ser tanto arriscadas quanto proporcionar um retorno maior, dependendo da classe das bonds.

As bonds são apropriadas quando você não tem apetite pela volatilidade do mercado de ações. Há várias situações em que as bonds são a classe de ativo preferencial. A primeira é a aposentadoria, onde as pessoas normalmente vivem de alguma forma de renda fixa. A maioria dos aposentados não tem a opção de perder seu principal ou investimentos de base. Eles contam com esta base para pagar suas contas do dia-a-dia. Portanto, para eles, as bonds são uma opção melhor.

Outro cenário onde as bonds são preferidas é qualquer pessoa com um horizonte de tempo curto. Um exemplo comum são os jovens pais que procuram comprar uma casa dentro de um ano. Podemos concordar que as ações oferecem a oportunidade de maior crescimento, mas os novos pais não podem correr o risco de perder dinheiro no futuro próximo. A renda fixa é, portanto, o veículo preferido para sua situação.

Tipos de bonds

Começamos com aqueles emitidos por um governo. Estes tipos de bonds são geralmente considerados seguros, mas existem níveis de segurança. Aqueles emitidos pelo governo americano – por exemplo, títulos do tesouro – são seguros pelos padrões de mercado. As bonds emitidos por países em desenvolvimento são frequentemente classificados como menos seguros devido ao maior risco de inadimplência. Pela minha experiência, as dívidas emitidas por países em desenvolvimento têm que ser avaliadas caso a caso porque algumas são classificadas incorretamente.

As corporações também podem emitir bonds, assim como fazem com as ações. Elas variam de curto a longo prazo em termos de prazo. O mercado assume que as empresas têm um risco de inadimplência maior do que um governo e, como tal, esperam rendimentos mais altos. Quanto maior a qualidade de crédito da empresa, menor será a taxa de juros que ela oferecerá para pagar. Portanto, para uma empresa, obter e manter uma boa classificação é importante. Há uma classe de corporações conhecida como junk bonds e estas trazem alto risco e alto rendimento.

Graus de investimento

Grau de Investimento de Bonds: AAA, AA, A, BBB

Grau de Não-Investimento de Bonds: BB, CCC, CC, D

INVESTIMENTO EM CRIPTOMOEDAS

As criptomoedas, também chamadas de criptos, como uma classe de ativos, não fazem parte do mix de investimentos tradicionais, mas deveriam. Elas se qualificam porque como uma classe de ativos não se correlacionam com outros ativos, por exemplo, ações ou commodities. Elas também podem servir como uma cobertura para seus outros investimentos.

Começaremos com um olhar sobre o Bitcoin e passaremos para algumas das outras. Isto não é um artigo de opinião ou como eu pessoalmente me sinto a respeito deles; é simplesmente para responder à pergunta "eles agregarão valor a um portfólio diversificado?". A resposta é um "claro que sim". Os retornos de mercado do Bitcoin, quando comparados com as ações, são surpreendentemente a favor do Bitcoin. Para aqueles que ainda sustentam a opinião de que isto é uma moda, ou que simplesmente irá acabar, os fatos até o momento não estão a seu favor. Aqui estão alguns exemplos.

As muitas "mortes" do Bitcoin
O Bitcoin já "morreu" mais de 150 vezes. Abaixo estão apenas algumas das previsões extremamente imprecisas do falecimento do Bitcoin.

- Agosto 11, 2013 "Por Que o Bitcoin Está Condenado ao Fracasso" – moneygeek | $93.43
- Novembro 16, 2013 "Bitcoin é uma Piada" – Business Insider | $433.57

- Maio 4, 2017 "O Começo do Fim para o Bitcoin" – Daily Reckoning | $1541.90
- Julho 12, 2017 "A aceitação do Bitcoin é quase zero e está caindo" – Yahoo Finance | $2,410.55

Um pouco de realidade

Fonte: Python Signals

O que é?

Bitcoin é uma moeda digital descentralizada (um ativo digital). Não é um ativo tangível, mas um digital. Para os poucos que ainda podem estar em dúvida, estas não são moedas reais que você possa tocar. Nenhum governo a possui. Você pode transferir dinheiro rapidamente sem governos ou bancos por uma taxa baixa. Em sua forma básica, é um livro-razão público muito seguro (uma espécie de planilha de cálculo). Antes do dinheiro, havia livros-razão. Era assim que as sociedades primitivas mantinham um registro de quem tinha e fazia o quê. As criptomoedas, como muitos dizem, são uma evolução natural na história do dinheiro, desde a troca, passando pelas moedas, até o papel-moeda, passando para o digital.

Seguro?
E se alguém ou algum grupo invadisse o livro-razão? Mesmo se 40%-49% fossem hackeados, a maioria teria a informação correta (o livro-razão é descentralizado). Enquanto a maioria dos livros-razão concordar, a transação é válida. Se alguma entidade tentasse um ataque de 51% (maioria), você deve estar ciente de que um ataque desta magnitude exigiria fundos na área de 500 milhões de dólares para ser realizado. Além disso, um ataque deste tamanho seria notado relativamente rápido pela rede.

Criptomoedas (além do Bitcoin): O que elas fazem?

Para as pessoas que ainda temem os incríveis movimentos de preços para cima que vimos em muitas das criptomoedas, a pergunta que mais recebo dos estudantes e outros é "o que elas fazem? O Bitcoin, é claro, recebe os holofotes, mas sobre as outras criptos, a maioria das pessoas estão perdidas. Vamos dar uma olhada nas moedas mais populares e depois algumas reflexões sobre os movimentos do mercado.

Ethereum (ETH) – Contratos programáveis
Bitcoin (BTC) – Movimentar dinheiro, liquidar transações, um ativo digital
Dash (DASH) – Característica chave é a privacidade
Litecoin (LTC) – Semelhante ao Bitcoin, mas mais rápido
Ripple (XRP) – Rede de liquidação de pagamentos empresariais

A realidade

A volatilidade que vimos com as criptomoedas, Bitcoin, por exemplo, foi mais severa no passado. Criptos como outros mercados podem realmente descer; este ponto pareceu uma ideia nova para alguns. Quando estávamos tendo a corrida com Bitcoin de $10.000 para mais de $19.000, mais rápido do que mesmo o maior fã poderia ter imaginado, o lado negativo foi esquecido. A redução da propaganda inicial ajudou a amadurecer o mercado ao ponto de que agora é uma classe de ativos legítimos. Se eu tivesse escrito isto há dez anos atrás, isso não teria provocado nada além de risadas.

Liquidez

Um relatório recente mostrou que 50% da atividade comercial é recebida de apenas cinco criptos: Ethereum, Bitcoin, Litecoin, Ripple e Bitcoin Cash. Isto deve servir como um aviso para aqueles investidores que querem manter a liquidez. Muitas criptos têm menos de $10.000 em volume de negociação, algo a ser evitado em qualquer carteira.

O que você realmente deve ter em seu portfólio de cripto?

Selecione algumas e as conheça bem. Como você pode imaginar, nenhum investidor normalmente tem exposição a cinquenta moedas diferentes de cada vez. A maioria das pessoas começa a investir em cripto investindo nas mais conhecidas, por exemplo, Bitcoin e Ethereum. Depois de um tempo, você pode começar a expandir seu universo de cripto à medida que compreende melhor como eles se movimentam.

Francamente, o entusiasmo em torno das criptos precisava de férias para o bem a longo prazo das criptomoedas. Acredito que estamos finalmente chegando a esse ponto. Estou bem ciente de que muitas pessoas tiveram suas contas sofrendo alguns golpes. Para ser honesto, algumas pessoas desistiram completamente das criptos. A maioria dos investidores de cripto que partem são aqueles que se recusaram ou negligenciaram a receber algum treinamento ou conselho qualificado antes de mergulharem. Muitas vezes tenho enfatizado em meus outros livros a importância da diversificação. Este é um conceito importante com todas as classes de ativos, mas com criptos, passa de bom a ter para algo *obrigatório*. Este conceito de diversificação não é nada mágico ou algum segredo profundo. Apenas ter um conhecimento dos princípios básicos de investimento junto com a análise técnica teria ajudado muitos com sua estratégia e especialmente com sua mentalidade.

O portfólio

O que eu consideraria incluir em um portfólio de 2020 e além são Bitcoin, Ethereum, Ripple, Ripple, Tether, Litecoin, EOS, e Bitcoin Cash. Elas foram selecionadas a partir do meu princípio de que os investidores devem ter uma carteira diversificada de criptos e investir somente naquelas com boa liquidez (por padrões de cripto). Todas as selecionadas estão entre as quinze melhores em termos de capitalização de mercado.

Tanto o novo e mais experiente entusiasta de cripto deve estar ciente das características únicas de cada moeda individual. Cada ativo de cripto tem suas características distintas em termos de comportamento de mercado. Também vimos que as altcoins têm suas próprias histórias de movimentação de preços. As altcoins são as moedas alternativas que surgiram com base na ideia e/ou código básico do Bitcoin.

Não é mais válido dizer, como foi dito no passado, que o que quer que Ethereum ou Bitcoin façam no mercado, as outras moedas reagirão com movimentos de preços semelhantes. Por exemplo, um declínio recente no Bitcoin não levou a uma queda equivalente para muitas altcoins. Pelo contrário, várias delas aumentaram de valor.

IMÓVEIS

Os imóveis são a classe de ativos em que quanto menos complicada for a sua manutenção, melhor será a sua situação. Minha opinião sobre imóveis é que se você comprar, você deve planejar viver lá por pelo menos cinco anos. Sim, há pessoas que estão virando casas em reality shows de TV, mas a realidade muitas vezes não é tão glamourosa.

Sou proprietário de um apartamento e casas em três regiões diferentes do mundo (Europa, Caribe e Estados Unidos). A partir desta experiência global, qualquer propriedade que eu comprasse agora seria uma propriedade de investimento que eu pudesse alugar. Possuir propriedades tem tantos custos escondidos, impostos, reparos, etc., que a menos que você pretenda morar lá por um longo tempo, você deve fazer disso um negócio e investir em propriedades para alugar.

Vamos dar uma olhada em algumas das diferentes maneiras de entrar no mercado.

Aluguel de quartos

De longe, a maneira mais fácil de entrar no ramo imobiliário é alugar um quarto em sua residência atual. O importante aqui é fazer uma autoavaliação honesta para estabelecer se você pode lidar com a necessidade de compartilhar espaço com um estranho e todos os desafios que isso traz. Alguns experimentam o modelo tipo Airbnb no início para testar sua tolerância a curto prazo quase sem riscos.

FIIs

FIIs (Fundos de Investimento Imobiliário) são uma forma de investir em imóveis sem possuir nenhuma propriedade física real. Às vezes são comparados a fundos mútuos e são conhecidos por pagarem bons dividendos. As empresas por trás delas geralmente possuem uma carteira de propriedades que inclui hotéis, prédios de escritórios e apartamentos. Alguns FIIs são negociados publicamente, outros não. Sugiro que você, como investidor privado, continue a trocar fundos negociados por causa da melhor liquidez. Os lucros são ótimos, mas se você não puder cobrá-los devido a problemas de liquidez, então é uma piada triste.

Investimento imobiliário de aluguel

Muitas pessoas entram nesta área de investimento inicialmente comprando um lugar maior do que o que precisam e depois alugando o espaço extra. Este tipo de negócio geralmente pode deixar o investidor com lucro depois de contabilizar todas as despesas. Daqui você pode evoluir para outras propriedades e replicar o processo, mas agora você não mora na propriedade, a residência é 100% alugada. Isto é algo que estou fazendo no meio da Europa do Sul.

Esta forma de investimento requer, como sempre, algum trabalho de casa. Você precisará saber como está o mercado de locação e quais são as projeções para a área. Semelhante a outros investimentos, você precisará fazer com que o fracasso possa sobreviver, não se excedendo com o crédito para adquirir o imóvel. Aqueles para os quais estou olhando são onde compro os imóveis em uma oferta totalmente em dinheiro. Isto é feito para garantir um preço melhor aos vendedores.

ALOCAÇÃO DE ATIVOS NO MERCADO DE CAPITAIS

Nossa jornada chegou ao ponto cego que muitos investidores têm, e isso é a melhor alocação de ativos. O foco será em seus ativos do mercado de capitais e não, por exemplo, no setor imobiliário. A pergunta que deve ser respondida imediatamente é "o que é alocação de ativos". É a estratégia que o orienta no processo de divisão de seus ativos entre as diferentes classes de ativos. Seu objetivo como investidor é maximizar os retornos, mantendo o risco no nível mais baixo possível. Simples, mas não fácil.

Perfis de risco-recompensa de ativos

Para atingir a meta de máximo retorno com o menor risco possível, é necessário conhecer o perfil de risco-recompensa das diversas classes de ativos.

Mercados Monetários: Títulos de dívida, muito líquidos, e com vencimentos inferiores a um ano.

Renda Fixa (Bonds): Paga uma quantia de juros fixos e regulares. Alguns também pagam juros no vencimento. Eles normalmente têm um nível de volatilidade menor quando comparados com as ações. No entanto, não estão totalmente livres de risco, pois há sempre o risco de inadimplência.

Mercados Emergentes: Ações de países em desenvolvimento. Geralmente têm o potencial para maiores retornos. Sem surpresa, o maior potencial de retorno muitas vezes vem com maior risco. Aqui o quadro de risco inclui menor liquidez, pouca transparência do mercado, questões de regulamentação e o risco do país.

Ações de baixa capitalização: Empresas com uma capitalização de mercado inferior a $2 bilhões. Elas são normalmente colocadas em uma categoria de risco mais elevado do que as empresas maiores.

Ações de média capitalização: Empresas de médio porte com uma capitalização de mercado geralmente de $2 bilhões a $10 bilhões.

Ações de alta capitalização: Grandes empresas com uma capitalização de mercado superior a 10 bilhões de dólares.

Minha classificação de baixo a alto risco: Mercados monetários, bonds (não lixo), ações de alta capitalização, ações de média capitalização, ações de baixa capitalização e mercados emergentes.

O que é certo para você?

Cada classe de ativos tem diferentes níveis de retorno em relação ao risco ao qual sua carteira está exposta. Sua tolerância ao risco, prazo e metas fornecerão a base para a composição de sua carteira. Na tentativa de facilitar o processo de alocação de ativos, os gestores de investimento geralmente criam diferentes modelos de carteiras para clientes – cada modelo tem uma porcentagem diferente das classes de ativos.

As carteiras muitas vezes variam de agressivas a conservadoras. O objetivo é ter algo para cada tipo de perfil de risco do investidor.

Modelos de carteiras

Muito agressiva

Esta é uma carteira de quase todas as ações. Seu objetivo aqui é o crescimento agressivo do valor da conta a longo prazo. Ser agressivo normalmente tem um risco maior. Isto se deve principalmente à quantidade de volatilidade do mercado à qual você estará exposto. Se você optar por este tipo de carteira, é comum ver no curto prazo que o valor de sua conta sofrerá grandes flutuações.

Ser livre de emoções é mais importante com este modelo do que com os outros. Você também deve saber que em geral, seu estado emocional é um dos fatores mais influentes na criação de lucros de investimento.

Composição: 80%–100% de ações, e talvez quantidades mínimas de dinheiro ou títulos de renda fixa

Agressiva

Seu objetivo é a valorização do capital a longo prazo. A carteira é composta principalmente de ações; portanto, você deve esperar que o valor de sua conta tenha flutuações significativas. Os investidores de carteiras agressivas muitas vezes adicionarão alguma renda fixa ao seu mix de carteira.

Composição: 70% ações, 20%–25% títulos de renda fixa e 5%–10% em dinheiro

Balanceada

Tem os ingredientes da carteira agressiva, mas o nível de renda fixa é visivelmente maior quando comparado com os exemplos anteriores da carteira. Esta é uma tentativa de proporcionar um equilíbrio entre a renda e o crescimento.

Se você tem um nível médio de disposição para riscos, então esta estratégia é apropriada. O horizonte de tempo é de três a cinco anos.

Composição: 50% ações, 35%-40% títulos de renda fixa e 10%-15% em dinheiro

Conservadora

Seu objetivo com uma carteira conservadora é muito claro: preservação do capital e proteção do valor da carteira. Você também deve ter em mente que mesmo uma estratégia conservadora ainda tem alguma exposição a ações, mas apenas em pequenas quantidades.

Composição: 70%-75% títulos de renda fixa, 15%-20% ações e 5%-15% dinheiro

Juntando tudo

Como não conheço a situação pessoal de cada leitor, as sugestões de carteiras são apenas isso, sugestões e uma diretriz para se trabalhar. Os dois parâmetros mais importantes na criação de seu portfólio são seu horizonte temporal e sua disposição para o risco. Por exemplo, se você estivesse em uma situação em que pudesse precisar ter acesso a seus fundos a curto prazo, normalmente você teria uma porcentagem maior de seus investimentos em títulos de renda fixa de curto prazo. Se a liquidez a curto prazo não for um problema para você, sua carteira terá maior exposição a ações e menor renda fixa.

Sua carteira exigirá uma revisão regular, uma vez que você tenha implementado sua estratégia. Isto é para se ajustar às mudanças de valor das classes de ativos. Você pode estar na situação em que começou com uma estratégia conservadora, mas devido ao aumento do valor de suas ações, agora você tem um perfil de risco diferente de seu objetivo original. Para corrigir isto e retornar ao seu objetivo original, você reequilibra sua carteira, vendendo as partes que aumentaram. Já que estamos lidando com investimentos, não é nada que você tenha que rever diariamente, mas trimestralmente é uma boa regra de ouro.

O FUNDO CERTO PARA VOCÊ
(Mútuos, Índices e ETFs)

Os fundos administrados ativamente que estão no mercado são realmente um saco misto. Você verá fundos que serão populares por um ano ou talvez até mesmo dois, mas com o tempo, eles têm um desempenho inferior ao do mercado. Entre os fundos de índice; eles são montados para acompanhar ou espelhar a composição de um índice de mercado. Alguns exemplos são a Média Industrial Dow Jones (DJIA) ou o Nasdaq Composite. Eu prefiro fundos de índice passivo a fundos administrados com pouca hesitação e as evidências são convincentes:

- A maioria dos fundos administrados ativamente tem um desempenho abaixo do mercado e não consegue superar os fundos de índice.
- A média dos fundos de índice bate a média dos fundos em alguns pontos percentuais.

O "segredo" dos fundos de índice é que eles têm uma relação de despesas visivelmente menor. Seu custo de fazer negócios é simplesmente mais baixo. Os fundos de índice fazem menos negócios e têm pessoal menor, o que resulta em despesas menores. Isto é possível porque o objetivo do gestor é apenas copiar o índice que o fundo está rastreando. A realidade é que você pode ter administrado ativamente fundos que inicialmente superam o desempenho de um fundo de índice, mas depois de contabilizar as despesas de negócios e as equipes de administração mais caras... eles perdem.

Embora eu prefira fundos de índice a outros tipos, é importante afirmar que eles não são isentos de riscos. Eles estão acompanhando um índice; portanto, o desempenho desse índice, bom ou ruim, será refletido no desempenho do fundo de índice.

Fundos negociados em bolsa (ETFs)

Outro componente possível de uma carteira diversificada é o dos fundos negociados em bolsa (ETFs). São títulos que rastreiam um índice semelhante aos fundos de índice que cobrimos, mas eles negociam como ações. Uma maneira fácil de entendê-los é pensar nos ETFs como fundos mútuos que você pode negociar como se estivesse negociando uma ação.

Por que ETFs?

Você obtém a diversificação de um fundo de índice, mas tem acesso à alavancagem (uso de margem). Esta característica normalmente não está disponível com fundos mútuos.

Os ETFs também oferecem preços mais precisos no sentido de que o preço que você recebe na compra depende de que ponto no dia em que você compra. Por exemplo, se você fez um pedido de compra pela manhã quando o fundo estava negociando a um preço inferior ao do fechamento, você receberá o preço mais baixo. Isto contrasta com os fundos mútuos tradicionais, que são cotados apenas uma vez por dia. Isto significa que todos que compram o fundo mútuo naquele dia recebem o mesmo preço sem levar em consideração a que horas a compra foi feita. Isto pode não ser um grande negócio para um pequeno investidor, mas uma vez que os valores ficam maiores, a sensibilidade ao preço é mais importante. É provável que você fique insatisfeito quando for obrigado a comprar a um preço superior ao que estava disponível no momento exato em que você fez o pedido.

INVESTIMENTOS ALTERNATIVOS

Estes são os investimentos que não se encaixam facilmente nas categorias de investimento tradicionais como títulos e ações. Incluo alternativas porque as pessoas têm um interesse crescente nelas e eu também invisto em algumas; portanto, posso escrever por experiência própria. Investimentos alternativos podem incluir desde vinhos raros até moedas de ouro, bolsas de mão e muito mais. Honestamente, fiquei surpreso ao saber quantas pessoas gastam quantidades consideráveis de dinheiro em bolsas, principalmente para fins de investimento. Muito mais do que eu pensava originalmente!

Meu conselho: só compre coisas que você conhece bem e gosta de ter por perto porque você pode ficar preso a elas por muito tempo. Os dois principais desafios com esta classe de investimento são a liquidez e a dificuldade de acordo do valor real (na maioria dos casos). Vejamos isto um pouco mais a fundo. As ações são, em sua maioria, líquidas: se você precisar vendê-las, geralmente pode conseguir isso em poucos segundos ou minutos. Se você precisar determinar o valor, você pode verificar o último preço cotado no mercado. Voltando ao mundo das bolsas únicas, vinhos, etc., você não tem um mercado central; portanto, você está em um ambiente de balcão, onde cabe a você e à sua contraparte (o vendedor) determinar o preço. Em termos de liquidez, o mercado para arte ou relógios caros não é claramente tão grande como, por exemplo, de uma ação popular. Para aqueles que consideram estes itens, você deve investigar qual é a liquidez de fato. Você também deve investir somente em algo que lhe traga prazer entre as vendas.

Seguindo meu próprio conselho de comprar o que você conhece e gosta, eu posso ficar um pouco louco com relógios. Eu adoro e gosto de usar relógios de certo nível, o que alguns podem chamar de relógios de luxo. Se você possui uma das marcas mais conhecidas como Rolex, geralmente pode vendê-los rapidamente. Havia um ponto na vida em que eu precisava ter dinheiro quase que instantaneamente e o que me salvou foram dois relógios da minha coleção. Um eu vendi em menos de quarenta e oito horas, o outro demorou um pouco mais, mas ainda foi relativamente líquido. Os relógios continuam sendo meus investimentos alternativos favoritos, pois além de sua liquidez, eles são fáceis de transportar. Posso colocar um em meu pulso ou colocar um no bolso sem chamar muita atenção.

Os investimentos alternativos só devem ser considerados depois que os ativos tradicionais tiverem sido tomados em conta e você tiver algum dinheiro para "brincar". Como mencionei na introdução do livro, o objetivo é a liberdade e podemos ser criativos na forma como chegamos lá. Os investimentos alternativos, semelhantes às criptomoedas que analisamos anteriormente, podem fazer parte da mistura. Se seu tempo e/ou dinheiro for usado para adquirir ativos que criam mais dinheiro, provavelmente se encaixará na matriz de investimento. Podemos sempre debater qual deles é o mais eficiente, mas se o que você investe cria mais dinheiro, pelo menos você está indo na direção certa. Adquirir o mais novo smartphone ou jeans não entra na minha lista.

EMPREENDEDORISMO

Esta é a parte frequentemente negligenciada na maioria das estratégias de investimento. Como também afirmei no início do livro, iremos "além das estratégias de investimento tradicionais" e este é outro exemplo. Eu sempre recomendo que os clientes tenham algum tipo de negócio, mesmo que seja apenas um hobby. Esta seção cobrirá o início de um negócio ao lado de seu trabalho em tempo integral. Com esta abordagem de tempo parcial, você pode fazer uma transição gradual para o empreendedorismo. Dada a incerteza sem fim no mercado de trabalho, e junto com as potenciais vantagens fiscais, ter um negócio secundário é uma coisa boa.

Serei transparente e afirmarei que esta não é uma seção completa de "como começar um negócio". Entretanto, nos parágrafos seguintes, compartilharei os componentes essenciais que devem estar em vigor para executar esta parte de sua estratégia. Minhas estratégias são para aqueles que acreditam na versão autêntica do empreendedorismo: um negócio com produtos ou serviços que oferecem valor real aos clientes. O foco *não está* em levantar dinheiro e obter financiamento.

Escalabilidade

A menos que sua ideia de negócio tenha a capacidade de escalar, continue trabalhando em sua ideia até que ela tenha. Por favor, resista ao impulso de iniciar um negócio até que você consiga descobrir isso. Um exemplo rápido para quem não está familiarizado com o conceito de escalabilidade: sua empresa pode lidar com um pedido de mil unidades com quase a mesma facilidade que um pedido de cem.

Começar em meio período

Desenvolver seu negócio enquanto ainda está empregado lhe permite evitar o estresse da incerteza financeira que pode vir com ele. Se você acabar na situação de sonho de ter um negócio paralelo lucrativo, então você pode continuar escalando-o para torná-lo sua principal fonte de renda.

Desenvolvendo seus músculos comerciais

As habilidades de administrar um negócio, sem surpresas, são desenvolvidas a partir da prática e treinamento deliberados. Ter classes pode ser útil, mas no final das contas você precisará do coaching ou orientação de alguém que tem ou teve um negócio lucrativo. Feito corretamente, isto lhe poupará tempo e, no final das contas, dinheiro.

Conectando vendas e marketing

À medida que você avança em seus negócios, é importante que seus e-mails e seu site se conectem com o objetivo final de seus clientes em potencial. Se você não sabe qual é este objetivo, então é fundamental que você o descubra o mais rápido possível. Este conhecimento é uma das chaves para aumentar suas vendas. Minha empresa, a GCMS, é especializada na educação prática dos mercados de capitais, mas os objetivos finais de nossos clientes estão em conseguir um novo emprego ou melhorar seu conhecimento de investimentos. Portanto, todos os nossos materiais de marketing se concentram nestas metas. Isto remonta ao conceito de negócios clássico de separar os benefícios de um produto de suas características.

Aqui está um trecho de meu livro *Sua Primeira Startup: (Livro 2): Os Próximos Passos,* que tem sido capaz de ajudar muitos ao longo de sua jornada rumo ao empreendedorismo.

Trecho de *Sua Primeira Startup (Livro 2): Os Próximos Passos*

Mindset

Este tópico é sempre parte dos meus livros de negócios porque é mais crucial do que qualquer tecnologia ou estratégia de negócios. Se você não tiver a mentalidade correta para administrar um negócio escalável, então todo o software do mundo será inútil para você.

Bem, a pergunta óbvia é o que é essa coisa de "mindset"? É apenas mais uma motivação falsa, a baboseira de fazer você se sentir bem dos chamados gurus? De forma alguma, é simplesmente ter a disciplina de continuar a jornada, não importando o que aconteça. Muitas pessoas desenvolvem esta força mental de "continuar avançando não importa o que aconteça" do esporte (eu desenvolvi). Felizmente, *não* é a única maneira de desenvolver este tipo de força, um exemplo que eu adoro usar é o dos músicos clássicos. Qualquer pessoa que tenha conhecido um, sabe das horas que eles passam aperfeiçoando seu ofício. Muitas das pessoas que superam os tempos difíceis que virão dos negócios geralmente têm alguma outra área que as ajudou a desenvolver esta característica. Lembre-se de que mesmo os menores passos ainda o fazem avançar.

Sucesso

Uma parte fundamental do mindset é determinar por si mesmo o que é o sucesso para VOCÊ. Evite a armadilha de copiar os pontos de vista de outras pessoas sobre o sucesso. Para você, pode ser uma renda para complementar o que você ganha em seu trabalho ou pode ser para substituir o trabalho por completo. Outra pessoa pode ter um objetivo mais filantrópico, por exemplo, fazer uma mudança na sociedade que não tem nada a ver com a obtenção de lucro financeiro. Tenha em mente que mesmo uma organização sem fins lucrativos não é a mesma coisa que empresas sem lucros. Mesmo estas organizações precisam e utilizam muitos princípios do mundo inicial, incluindo alguns dos que estão incluídos neste livro.

Uma vez determinado o que é sucesso para você, então os passos necessários para realizá-lo devem ser dados. Já me foi dito muitas vezes e continua sendo verdade: "Nós não entramos ou simplesmente chegamos ao futuro; nós o criamos a partir do que estamos fazendo hoje". O que você colhe em seis meses ou seis anos, de forma justa ou injusta, é principalmente do que você está plantando agora. Sugiro que você se pergunte: "O que estou plantando?".

PRÓXIMOS PASSOS

Quando Você Estiver Pronto para Começar – Contate-me

Espero sinceramente que este livro prático tenha sido benéfico para você. No entanto, também percebo que os livros têm limitações e para aqueles que gostariam de mais treinamento prático, por favor, entrem em contato comigo aqui: www.gcmsonline.info, onde eu posso responder a vocês.

Se você não leu nenhum de meus outros livros, então o convido a ler, pois eles têm lições valiosas que serão úteis para seu desenvolvimento como investidor.

Alguns de meus outros livros que são mais relevantes para investimentos incluem:

Sua Primeira Startup

Domínio de Classe de Ativos

O Próximo Nível de Investimento em Criptomoedas

SOBRE O AUTOR

Wayne Walker é o Diretor de uma empresa global de educação e consultoria de mercados de capitais (gcmsonline.info). Ele tem muitos anos de experiência em liderar e treinar equipes de Consultores de Investimento e gerenciou equipes de alto desempenho no Grupo de Clientes Privados com base no Bench Mark Earnings (BME). Wayne treinou traders do programa Citi-FX Pro em Londres. Ele também desenvolveu o programa 'Trading Rights' no Saxo Bank pelo qual os Consultores de Investimento eram obrigados a concluir antes de serem autorizados a negociar. Ele é um comerciante certificado pela Markets in Financial Instrument Directive (MiFID) EU e está qualificado para assessorar clientes "A".

Wayne é um comentarista frequentemente convidado do mercado de capitais em vários programas internacionais de TV e rádio.

Wayne possui diversas certificações e trabalhou nas seguintes posições:

- Diretor-Fundador, (GCMS) Global Capital Market Solutions, Dinamarca
- Autor do Reality Based Trading Guide, (usado em nossas aulas na Copenhagen Business School e em outras universidades da UE)
- Gerente de Vendas, América do Norte e Oriente Médio, Saxo Bank, Dinamarca
- Bel na State University of New York, Universidade em Buffalo, EUA

- NASD Series 3 – Licença para negociar e aconselhar sobre contratos futuros no mercado dos EUA
- ACI (Mercados Financeiros) Certificado de Negociação – Aprovado com Distinção (nível mais alto), França
- Treinado no Software de Cotação de Opções FX da Bloomberg e UBS Bank

www.ingramcontent.com/pod-product-compliance
Lightning Source LLC
Chambersburg PA
CBHW070849220526
45466CB00005B/1944